# INSTITUT NATIONAL DE FRANCE.

## ACADÉMIE DES INSCRIPTIONS ET BELLES-LETTRES.

# DES CASTES
## ET DE LA TRANSMISSION HÉRÉDITAIRE
### DES
## PROFESSIONS
### DANS L'ANCIENNE ÉGYPTE,

### Par M. AMPÈRE.

Lu à la séance publique annuelle du 1ᵉʳ septembre 1843.

### PARIS,
### TYPOGRAPHIE DE FIRMIN DIDOT FRÈRES.
IMPRIMEURS DE L'INSTITUT, RUE JACOB, 56.

INSTITUT NATIONAL DE FRANCE.

ACADÉMIE DES INSCRIPTIONS ET BELLES-LETTRES.

# DES CASTES
## ET DE LA TRANSMISSION HÉRÉDITAIRE
### DES
## PROFESSIONS
### DANS L'ANCIENNE ÉGYPTE,

Par M. AMPÈRE.

Lu à la séance publique annuelle du 1er septembre 1848.

S'il est une opinion généralement admise, c'est celle qui veut que la nation égyptienne fût divisée en castes vouées exclusivement à des fonctions spéciales qui passaient des pères aux enfants par une transmission héréditaire. D'un côté la caste des prêtres, de l'autre la caste des guerriers, entièrement distinctes et séparées, et au-dessous de ces deux castes supérieures, les différentes professions, soumises aussi à l'hérédité, les enfants continuant nécessairement la condition de leur père. Telle est l'idée qu'on se forme de l'organisation de la société dans l'ancienne Égypte. Depuis l'antiquité on voit cette opinion se reproduire de siècle en siècle. Quand Bossuet a dit : « La loi assignait à chacun son « emploi, qui se perpétuait de père en fils ; on ne pouvait ni « en avoir deux ni changer de profession, » il n'a fait que reproduire une assertion mille fois répétée, et qui l'est encore de nos jours. Elle a été énoncée avec énergie par Meiners, auteur d'un travail spécial sur les castes d'Égypte : « Les deux ordres (celui des prêtres et celui des guerriers) étaient, dit le savant professeur de Gœttingue, tellement circonscrits, que les fils suivaient presque toujours les traces de leurs pères, et qu'ils avaient coutume ou étaient contraints d'embrasser le même genre de vie que leurs ancêtres. » Dans le classique Manuel d'archéologie d'O. Müller, on lit qu'en Égypte, « pour chaque fonction, il y avait des gens voués héréditairement à cette fonction. » Je pourrais citer un grand nombre de passages semblables. Rosellini seul, averti par les monuments, a soulevé quelques doutes ; mais le peu de place que cette question pouvait occuper dans son grand ouvrage, et des conclusions trop restreintes et trop vagues ne lui ont pas permis de porter à un préjugé déjà ancien et invétéré un coup décisif. C'est ce que je vais tâcher de faire aujourd'hui.

J'entreprends de démontrer que cette idée, qu'on se fait depuis si longtemps, de l'ancienne société égyptienne comme divisée en castes, dont chacune était vouée à des occupations spéciales, exclusives et héréditaires, n'est point exacte ; que cette société n'a mérité, sous ce rapport, ni les louanges ni le blâme dont elle a été tour à tour l'objet.

Je crois pouvoir établir avec certitude :

Qu'il n'y avait pas de caste dans l'ancienne Égypte, en

prenant ce mot dans un sens rigoureux, le sens par exemple qu'il a dans l'Inde, bien que plusieurs savants, et entre autres Bohlen, aient affirmé le contraire;

Que plusieurs professions importantes : celles de prêtre, de militaire, de juge, et quelques autres, n'étaient pas constamment héréditaires;

Qu'il n'y avait qu'une distinction profonde entre les diverses parties de la société égyptienne, la distinction qui se montre partout entre les hommes livrés aux professions éminentes et les hommes qui exercent les métiers.

Contre des assertions répétées de siècle en siècle, je n'invoquerai qu'un genre de témoignage, mais il me semble irrécusable; c'est le témoignage des monuments. L'Académie m'ayant fait l'honneur de désirer entendre aujourd'hui la lecture de ce mémoire, j'ai dû me mettre en mesure de lui obéir. Cet empressement, qui était un devoir, ne m'a pas permis de rassembler, à l'appui de la thèse que je soutiens, plus de soixante-quinze monuments. Il me sera facile d'augmenter ce nombre de beaucoup. Rassurez-vous cependant, Messieurs, la nature de cette séance m'interdit de vous présenter autre chose que des raisonnements et des conclusions; mais je prends l'engagement de mettre sous les yeux de l'Académie, comme je l'ai fait déjà, les pièces justificatives de mon mémoire, qui sont des inscriptions hiéroglyphiques presque toutes expliquées pour la première fois.

A ceux qui ne croient pas que la clef véritable de la lecture des hiéroglyphes ait été trouvée par Champollion, je n'ai rien à dire. Dans leur opinion, je suis un rêveur; dans la mienne, ils ferment les yeux à la lumière du jour. La discussion n'est pas possible entre nous.

Ceux qui, sans se prononcer sur le degré de perfection auquel a été porté le déchiffrement des inscriptions hiéroglyphiques, sont d'accord sur le principe de ce déchiffrement, et je crois pouvoir affirmer qu'ils forment la très-grande majorité des savants qui ont examiné la question, ceux-là seront en droit de me demander un compte sévère de l'application que j'aurai faite de la méthode de Champollion, et je ne décline point l'obligation où je suis de les satisfaire. En effet, toute l'économie de mon argumentation repose sur des textes hiéroglyphiques, interprétés d'après les principes posés dans la Grammaire égyptienne de Champollion. Messieurs, je crois, d'une conviction intime et profonde, à la vérité de ces principes, éprouvés par moi sur des milliers d'inscriptions dans divers musées de l'Europe, et sur les monuments de l'Égypte et de la Nubie, au milieu desquels j'ai passé plusieurs mois. Mais je ne crois ni à l'infaillibilité ni à la science universelle de Champollion. J'estime que sa grammaire peut être quelquefois rectifiée, plus souvent complétée; mais j'estime pareillement que, toutes les fois qu'on ne prouvera pas qu'il y a lieu à rectifier ou à compléter cet ouvrage de génie, il faudra provisoirement admettre la vérité des règles établies dans la grammaire de Champollion, par un si grand nombre d'exemples, sauf démonstration d'erreur. Telle me paraît être la conduite que commande l'état actuel de la science. Au delà, il y a confiance aveugle; en deçà, il y a, selon moi, méconnaissance d'une découverte susceptible de perfectionnement, mais qui peut déjà être appliquée utilement aux recherches historiques. C'est une application de ce genre que je tente aujourd'hui.

Je dois préciser d'abord les limites dans lesquelles l'emploi de l'instrument dont je vais faire usage doit être restreint, selon moi, pour qu'il puisse inspirer une confiance légitime.

Dans l'état actuel de la science, il est une portion des textes hiéroglyphiques qui ne peut se traduire encore avec certitude, et cette portion est de beaucoup la plus considérable. Non que la méthode de Champollion soit ici en défaut, mais c'est que la syntaxe, qui doit montrer le lien des phrases, n'est pas encore assez bien connue pour qu'il soit toujours possible d'apercevoir leur enchaînement, et surtout parce que notre vocabulaire n'est pas assez riche pour nous permettre d'interpréter toujours, soit le sens encore ignoré de certains caractères, soit la valeur de certains mots que nous lisons parfaitement, mais dont la signification ne se retrouve pas dans cette faible partie de la langue copte (dérivée, comme on sait, de l'ancienne langue égyptienne) que nous ont conservée quelques parties de traductions des livres saints et quelques légendes chrétiennes; les auteurs de ces fragments n'ayant eu ni les moyens ni l'intention de nous faire parvenir tous les mots de la langue égyptienne, surtout ceux qui se rapportaient à des usages oubliés ou à un culte aboli.

Mais si l'on doit reconnaître avec sincérité que la lecture de tous les textes égyptiens n'est pas encore possible, on peut affirmer avec assurance qu'il est une portion de ces textes dont l'intelligence est certaine. C'est à cette portion comparativement restreinte des textes hiéroglyphiques, c'est à elle seule que je m'adresserai. J'écarterai tout ce qui serait susceptible d'une interprétation douteuse; je ne m'appuierai que sur des traductions de formules très-fréquentes, de phrases courtes et claires, dont le sens ne saurait offrir aucune incertitude aux savants qui reconnaissent l'autorité des principes de Champollion.

Ceci posé, j'aborde la question de l'existence des castes dans l'ancienne Égypte.

Commençons par déterminer avec précision le sens du mot *caste*. Ce mot vient du portugais *casta*, qui veut dire *race, lignée*. Au reste, *caste* n'est pas le seul terme employé pour désigner quelque particularité des sociétés de l'Orient qui dérive du portugais : *mandarin* et *bayadère* veulent dire en cette langue, l'un *magistrat*, et l'autre *danseuse*. Ceux qui, en employant ces expressions, croiraient faire de la couleur locale, doivent renoncer à la satisfaction de se servir en français d'un mot chinois ou d'un mot indien. Tout ce qu'ils peuvent espérer, c'est de montrer que, s'ils ignorent les langues orientales, ils ne connaissent pas mieux les langues de l'Europe.

C'est en parlant de l'Inde que le mot *caste* est surtout employé aujourd'hui. On désigne par ce nom les quatre ordres de l'ancienne société indoue (tels que les présentent les institutions de Manou, et les deux grandes épopées nationales, le Ramayana et le Maharabata. Ces quatre ordres sont : les *brachmanes*, les *kchatryas* (guerriers), les *vyasas* (marchands) et les *soudras* (serviteurs).

Le mot *caste* s'applique aussi, dans l'Inde, à une foule innombrable de subdivisions des castes principales. Chacune de ces subdivisions est vouée à une industrie ou à une profession particulière ; chaque individu faisant partie d'une de ces castes doit rester pur de toute alliance, souvent même de tout contact, avec les individus, et s'interdire tous les métiers étrangers à sa caste. S'il manque à l'une ou à l'autre de ces obligations, *il perd la caste.*

Ainsi, trois conditions me paraissent essentielles à l'existence de la caste: s'abstenir de certaines professions qui lui sont étrangères et interdites, se préserver de toute alliance en dehors de la caste, continuer la profession qu'on a reçue de ses pères. Bien que ces conditions n'aient pas toujours été remplies rigoureusement en Orient, et ne l'aient presque jamais été en Occident, on s'est servi du mot *caste* pour désigner, par une exagération un peu malveillante, les classes aristocratiques et sacerdotales de nos sociétés modernes. La caste n'a existé réellement dans aucun État chrétien, car la caste constitue un fait social incompatible avec l'égalité des natures humaines proclamée par le christianisme. La noblesse et le clergé n'ont jamais formé de véritables castes dans le sens absolu du mot; mais on a appelé ainsi ces ordres, parce qu'on trouvait chez eux les caractères dominants de la caste, savoir: des professions exclusives, spéciales, chez les nobles des professions héréditaires, et un éloignement plus ou moins constant pour s'allier à ce qui était hors de leur classe.

Dans l'Inde, la différence des castes semble se rattacher à une différence de race. Le mot *varna,* par lequel sont désignées les quatre castes principales, ce mot, on le sait, veut dire *couleur.* Ceci paraît indiquer entre les castes indiennes une différence de couleur, et par suite, une différence d'origine.

On est d'autant plus porté à admettre cette explication, que la population du nord de l'Inde, point de départ évident des races supérieures, montre dans la configuration de ses traits des caractères qui les distinguent des races du sud, lesquelles semblent avoir fourni les éléments des castes inférieures.

Quelque chose de pareil se retrouve-t-il dans l'ancienne Égypte? Je n'en aperçois nulle trace. Sur les murs des temples et des tombeaux, rois, sujets, prêtres, guerriers, offrent le même type physique. La coloration de leur peau est semblable; nulle différence physiognomonique n'atteste une variété de race. Si une variété de race eût existé, l'art égyptien, qui accuse si nettement dans les captifs le type africain et le type asiatique, n'aurait pas manqué de la reproduire ici.

Mais, quelle que soit l'origine hypothétique des castes, voyons, en fait, si elles ont existé dans l'antique Égypte.

Pour l'examen de cette question, je m'adresserai, comme je l'ai dit, aux monuments, et surtout à la classe la plus nombreuse des anciens monuments égyptiens, aux monuments funéraires.

C'est aux inscriptions hiéroglyphiques tracées sur les murs des tombeaux, sur les parois des sarcophages, et principalement sur les stèles ou pierres funèbres, que je demanderai une réponse aux questions qui m'occupent.

Les monuments funéraires doivent fournir à ces questions une réponse péremptoire. En effet, tous ces monuments, et particulièrement les stèles funèbres, indiquent toujours le nom du mort et des parents du mort, le degré de consanguinité qui les unissait à lui, souvent la profession qu'exerçait chacun d'eux, quelquefois, enfin, le nom et la profession des parents de l'épouse du défunt. Grâce à ces indications, on peut recomposer le tableau d'une famille égyptienne, souvent fort nombreuse, connaître la profession de chacun de ses membres, et suivre leurs alliances pendant plusieurs générations. J'ai fait un assez grand nombre de recompositions généalogiques de ce genre sur des familles qui comptaient jusqu'à sept générations. Je puis citer un de ces tableaux funèbres qui contient cent parents.

Voyons donc si ces textes, interrogés attentivement, ne fourniront pas une réponse aux questions que nous nous sommes proposées.

Je ne crains pas d'affirmer qu'il n'y a, parmi les savants, personne, ou presque personne, qui mette en doute le sens des signes hiéroglyphiques qui veulent dire père, mère, fils, fille, frère, sœur, qui désignent les principales conditions, les principaux titres sacerdotaux, militaires et civils, etc. Ce vocabulaire très-limité, et que je restreins à dessein pour le rendre plus sûr, ce nombre assez peu considérable d'expressions dont le sens a été en général établi dans la grammaire de Champollion, ou que j'ai eu occasion de vérifier sur des centaines d'exemples, nous suffira pour arriver, avec aussi peu de chances d'erreur que possible, à des conséquences qui présenteront, ce me semble, quelque intérêt historique et une certaine nouveauté.

D'abord, je me demanderai :

Y avait-il en Égypte une caste sacerdotale et une caste militaire?

Les monuments nous répondront :

1° Que les fonctions sacerdotales et les fonctions militaires n'étaient point exclusives, mais étaient associées les unes avec les autres, et chacune d'elles avec des fonctions civiles, le même personnage pouvant porter un titre sacerdotal, un titre militaire et un titre civil;

2° Qu'un personnage revêtu d'une dignité militaire pouvait s'unir à la fille d'un personnage investi d'une dignité sacerdotale;

3° Enfin, que les membres d'une même famille, soit le père et les fils, soit les fils d'un même père, pouvaient, les uns remplir des fonctions et revêtir des dignités sacerdotales, les autres des fonctions et des dignités militaires, d'autres, enfin, des fonctions et des dignités civiles. Quand j'aurai établi que les mêmes individus ou des membres de la même famille pouvaient exercer des professions attribuées à des castes différentes, que ces professions ne passaient pas nécessairement aux enfants, je le demande, que restera-t-il des castes égyptiennes et de l'hérédité universelle des professions?

Or, lorsqu'on étudie les monuments, et principalement les pierres funéraires, si nombreuses dans les musées, et dont une quantité notable a été publiée, il n'est pas rare de trouver réunis sur la même tête des titres sacerdotaux et des titres militaires. Je citerai, entre beaucoup d'autres, le sarcophage conservé au Musée britannique, d'un prêtre de la déesse Athor, lequel était commandant d'infanterie.

Si les fonctions sacerdotales n'excluent point les fonctions militaires, elles se concilient encore mieux avec les fonctions civiles.

Une association de ce genre se trouve dans un de ces curieux hypogées d'El-tell, dont les parois sont couvertes de représentations figurées si étranges, où l'on voit ces rois à poitrine de femme qui adorent une image du soleil dont les rayons sont terminés par des mains.

Ceci ne date guère que de dix-huit cents ans avant l'ère

chrétienne, et c'est pour l'Égypte une médiocre antiquité; mais j'ai trouvé la même association entre des fonctions religieuses et des fonctions administratives dans un de ces tombeaux contemporains des Pyramides, et qui étaient déjà extrêmement anciens à l'époque dont je parlais tout à l'heure.

Ces faits témoignent contre l'existence de fonctions spéciales attribuées à une classe d'hommes dans le régime des castes. Qu'est-ce qu'une caste sacerdotale dont les membres, en même temps qu'ils sont prêtres, sont généraux ou intendants de province, ou juges, ou architectes?

Dira-t-on, et on l'a dit, que les fonctions civiles qu'on trouve unies à des fonctions sacerdotales étaient le monopole des prêtres? Mais souvent, très-souvent, les noms de ceux qui exercent ces fonctions civiles ne sont accompagnés d'aucune désignation sacerdotale. Ainsi les prêtres égyptiens pouvaient être investis de diverses charges judiciaires; mais ces charges n'étaient pas exclusivement leur apanage, des laïques pouvaient en être revêtus.

Le droit de rendre la justice n'était donc pas l'attribut spécial du sacerdoce: on pouvait être juge, soit qu'on fût prêtre, soit qu'on ne le fût pas. Quoi de plus contraire à l'esprit exclusif des castes? Nous-mêmes nous n'allons pas jusque-là, et notre ordre sacerdotal se sépare aujourd'hui des autres citoyens par une incapacité de rendre la justice qui ne l'en séparait pas en Égypte.

L'état militaire, comme le sacerdoce, s'y accommodait de la condition civile. Le même homme était chef des archers et intendant de l'Égypte méridionale, préposé aux constructions royales et chef de soldats étrangers.

S'il y avait, comme l'ont dit Bossuet, Meiners et d'autres, s'il y avait des professions exclusives auxquelles on était voué en naissant, sans pouvoir en embrasser d'autres, ce ne sont point celles dont il est fait mention dans les inscriptions funéraires : car toutes celles-là pouvaient être associées à des professions différentes. Le cumul était un fait très-fréquent dans l'ancienne Égypte.

Au lieu de cette démarcation qu'on s'imagine généralement avoir existé entre les classes, la confusion entre elles a été poussée si loin, qu'on trouve des personnages qui ont été à la fois revêtus de fonctions sacerdotales, militaires et civiles. Ce mélange se présente plusieurs fois dans les tombes célèbres de Beni-Hassan.

Ceci est une première brèche faite à l'opinion que je combats. Je vais en ouvrir une seconde, en établissant qu'il y avait alliance entre les diverses classes. On voit, en étudiant les inscriptions funéraires, qu'un militaire pouvait épouser la fille d'un prêtre. Je trouverai tout à l'heure l'occasion de citer un exemple remarquable de ce genre d'alliance.

En attendant, je ferai observer qu'il ne pouvait en être autrement d'après ce qui précède. L'éloignement des castes pour des alliances qu'elles refusent de former avec des individus nés hors de leur sein repose sur la séparation des professions diverses. Des prêtres ne veulent point se mêler par le sang à des guerriers, des prêtres à des profanes, des guerriers à des familles qu'ils méprisent, parce qu'elles sont vouées aux arts de la paix ; mais là où les prêtres sont officiers et les officiers prêtres, comme il arrivait en Égypte, là où les uns et les autres exercent des professions civiles, il n'y a plus lieu à ce mépris et à cette antipathie qui font qu'on évite de s'unir; l'isolement des classes n'a plus de motif quand les occupations de ces classes ne sont pas séparées, de même qu'un noble qui aurait fait le commerce n'aurait pu croire se mésallier en donnant sa fille à un commerçant.

Enfin, le dernier argument qui me reste à produire contre l'opinion que je combats, c'est la démonstration de la non-hérédité des professions chez les anciens Égyptiens.

Sans doute, il existait, et les monuments le prouvent, des familles dans lesquelles plusieurs de leurs membres étaient consacrés par une religion spéciale à telle ou telle divinité; il y avait alors hérédité du culte, et souvent du sacerdoce paternels. Il y avait entre les frères communauté de culte, et même de sacerdoce. Il faut reconnaitre encore que l'on peut citer des exemples de la transmission héréditaire des fonctions militaires et civiles, et je pousserai la franchise jusqu'à en rapporter un qui est assez remarquable.

Dans un des tombeaux qui entourent les Pyramides, j'ai trouvé un intendant des bâtiments royaux sous Chéops, l'auteur de la grande Pyramide, qui était fils d'un intendant des bâtiments royaux sous le même pharaon.

Mais, hâtons-nous de le dire, des faits de ce genre ne prouvent point que les fonctions fussent toujours héréditaires : car des faits semblables se présentent dans les sociétés les plus éloignées du régime des castes. Il y a dans toutes une tendance naturelle, et souvent injuste, à ce que les emplois des pères passent aux enfants, et, à défaut d'enfants, aux neveux et aux cousins. Cet abus existe dans notre siècle, qui lui applique le nom de *népotisme*. L'indiscrétion des hiéroglyphes nous a montré qu'il date du roi Chéops, et qu'il est aussi ancien que les Pyramides.

Que l'on ait hérité quelquefois de l'emploi de son père, et peut-être sans en être digne, ce n'est donc point un fait particulier à la société égyptienne. C'est un fait de tous les temps, duquel on ne peut rien conclure, tandis que de cet autre fait qui me reste à établir, savoir, que souvent les emplois n'étaient pas héréditaires, il ressort nécessairement que cette société n'était pas soumise au principe des castes, principe dont l'essence est d'être absolu, et qui ne peut exister là où l'hérédité des professions n'est pas un usage invariable et constant.

Or, si nous en croyons les monuments, l'hérédité des professions n'était ni une coutume invariable ni une loi rigoureuse, comme le veut Meiners. Les fonctions religieuses, militaires, civiles, ne sont point nécessairement héréditaires. Un guerrier a pour fils un prêtre, un prêtre a pour fils un guerrier. Il n'est pas rare non plus qu'un fonctionnaire civil ait pour fils un fonctionnaire religieux ou militaire; enfin, ce qui achève de ruiner l'hypothèse des professions exclusives auxquelles eussent été vouées les diverses familles, et par suite, les diverses castes, c'est de trouver que dans la même famille les fils des mêmes parents sont, les uns de condition sacerdotale, les autres de condition militaire, les autres de condition civile.

Je pourrais citer de ces faits un grand nombre d'exemples; mais, démonstratifs par leur unanimité, ils seraient fatigants par leur monotonie. J'aime mieux, en terminant, concentrer votre attention sur un monument que renferme le musée de Naples, et qui à lui seul suffirait pour établir la thèse que je soutiens aujourd'hui.

Ce monument de granit gris a la forme d'un biseau tronqué. A sa face antérieure il présente neuf figures en bas-relief; chacune porte une inscription hiéroglyphique.

Les neuf figures, comme l'indiquent les inscriptions, représentent, l'une, le mort en l'honneur duquel ce petit monument a été élevé, les autres, divers membres de sa famille dont les professions sont énoncées. Le mort est le quatrième en commençant par la droite du spectateur; auprès de lui sont rangés, d'un côté, son père, ses trois frères et un oncle paternel; de l'autre, le père et les deux frères de sa femme. Sur la face postérieure sont neuf figures qui représentent des parentes du défunt, parmi lesquelles sa mère, sa femme, la mère de sa femme et des tantes maternelles; sur chacune des deux faces latérales il y a trois parents : en tout, le mort compris, vingt-quatre personnes de la famille.

Le mort en l'honneur duquel le monument est élevé était un général d'infanterie; si le caractère qui suit le titre ne me trompe point, il commandait l'infanterie étrangère. A côté de ce titre militaire, il a aussi un titre civil : il est dit préposé aux constructions de (1)....... Son frère aîné a le titre de préposé aux constructions et de prêtre du dieu Emphé. Celui-ci était donc prêtre et architecte, peut-être architecte religieux, tandis que son frère aurait été architecte civil. Un autre frère a, comme l'aîné, un titre religieux; le

---

(1) Ici est un caractère dont le sens n'est pas encore suffisamment clair pour moi.

troisième a le titre singulier de *fils royal*, et semble avoir été gouverneur de province.

Ainsi voilà deux frères d'un militaire, lequel exerce une profession probablement civile, qui ont des fonctions purement sacerdotales. Le troisième a une fonction administrative et un titre princier; le père est prêtre d'Ammon.

Quant à la famille de l'épouse du défunt, c'est une famille toute sacerdotale. Cette femme et sa mère sont vouées à Ammon; son père, son frère, deux frères de sa mère, sont prêtres de divers dieux.

Cette famille sacerdotale ne s'est pas moins unie par le mariage avec un général d'infanterie.

On voit que les membres de la même famille appartenaient les uns à ce qu'on a appelé la caste militaire, les autres à ce qu'on a appelé la caste religieuse; de sorte que si les castes eussent existé, deux frères n'eussent pas appartenu à la même caste; ce qui est difficile à comprendre.

Nous avons vu aussi que le même individu, remplissant et des fonctions sacerdotales et des fonctions militaires, aurait appartenu à la fois à deux castes, ce qui ne se comprend pas davantage.

Il n'y avait donc point de castes en Égypte : c'est un lieu commun auquel il faut renoncer. Ceux qui le regretteront peuvent se consoler, il en restera encore d'autres après celui-là.

Au lieu de cette division de la société égyptienne, j'en aperçois une autre. Je remarque que les professions qui figurent sur les monuments sont toujours les mêmes : prêtres, guerriers, juges, préposés à l'architecture, chefs de districts ou de provinces, ce sont là, avec quelques titres qui semblent purement honorifiques, à peu près les seules conditions qui paraissent dans les inscriptions funèbres. Les autres professions, celles de laboureur, d'agriculteur, d'artisan, de médecin même, ce qui est surprenant après tout ce qu'on a dit de la médecine égyptienne, ne se sont pas rencontrées jusqu'ici sur les monuments funéraires. Ce genre d'honneur qui consiste à montrer le mort recevant les hommages de sa famille et honorant les dieux, les priant de le protéger dans l'autre monde, cet honneur n'est jamais accordé qu'aux professions ci-dessus énumérées.

Cette circonstance me paraît établir une distinction fondamentale entre les classes, je ne dis pas les castes, entre les professions regardées comme éminentes et qui avaient droit à la mention et à la représentation funèbre, et les professions qui n'étaient pas jugées dignes de cet honneur.

Il me resterait à montrer comment s'est établi le préjugé que je viens de combattre; une erreur n'est complétement réfutée que lorsqu'elle est expliquée.

Le temps et le lieu ne me permettent pas d'examiner les textes d'Hérodote, de Platon, de Diodore de Sicile, dont on a, selon moi, abusé pour former le fantôme des castes égyptiennes. Les passages auxquels je me borne ici à faire allusion, mais que j'ai discutés devant l'Académie, contiennent des assertions, je ne dis point totalement fausses, mais un peu exagérées, et dont, comme il arrive toujours, l'exagération a été fort accrue par ceux qui l'ont reproduite.

Ainsi Hérodote affirme d'une manière, selon moi, trop absolue, l'hérédité des fonctions militaires; Diodore de Sicile, l'hérédité des fonctions sacerdotales, et Platon, la séparation des classes. Mais ces assertions, fondées, il faut le reconnaître, sur certains faits réels, empreintes seulement de quelque exagération et de quelque inexactitude, ont été moins une cause qu'une occasion d'erreur. Ces auteurs avaient dit un peu trop, on a dit beaucoup plus encore après eux, et ainsi on a toujours été s'éloignant de la réalité et s'approchant du système. Cette histoire est celle de la formation de sérieuses erreurs. Un mot pris dans un sens plus absolu que celui qu'il avait dans la pensée de l'auteur, les formules remplaçant et faussant par leur exagération tranchante une assertion vraie, mais d'une vérité d'à peu près qui n'est point la vérité géométrique, cet *à peu près* qu'on outre et qui devient alors positivement faux, le temps enfin consacrant cette fausseté qu'il a faite; voilà comment bien des préjugés historiques se sont établis; et l'on n'a pas toujours, pour éclairer le jugement de la postérité, la lumière des hiéroglyphes!

Oui, la lumière des hiéroglyphes! Oui, la main inspirée de Champollion a allumé un flambeau dont l'éclat toujours plus vif percera de ses rayons la nuit séculaire d'où ce flambeau a été tiré! La gloire de Champollion est déjà l'une des plus éminentes gloires de l'érudition française; elle grandira par tous les travaux que suscitera la découverte de ce grand homme, et qui seront un hommage à son génie. La méthode de Champollion a conquis le monde savant : l'Angleterre, l'Italie, l'Allemagne, l'Amérique, la proclament; la France pourrait-elle ne pas l'honorer; et, la vraie manière de l'honorer, n'est-ce pas de la continuer? Par une inintelligence qui serait de l'injustice et de l'ingratitude, voudrait-elle nier un des plus beaux titres d'honneur qu'elle ait reçus du siècle où nous vivons? Non, il n'en sera point ainsi, Messieurs; et si, hors de cette enceinte, d'incroyables aberrations prétendaient faire rebrousser chemin à la science, découvrir ce qui a été trouvé, chercher dans le pays des rêves ce que le génie a placé dans la sphère des réalités, j'opposerais à cet aveuglement la voix de l'Europe savante, l'autorité de l'Académie, les travaux de plusieurs de ses membres. C'est sur la trace de ces confrères illustres que je me suis efforcé de marcher aujourd'hui, c'est encouragé par leurs voix et par leur exemple que j'ai essayé cette première application de la méthode de Champollion à l'éclaircissement d'un fait important dans l'histoire de la civilisation, encore imparfaitement connue, de l'antique Égypte.

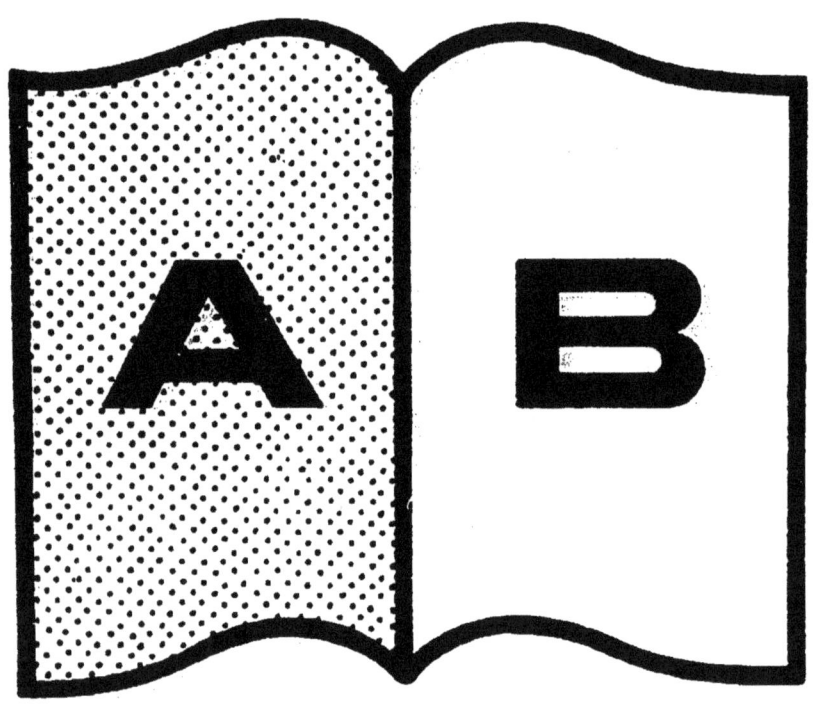

Contraste insuffisant

**NF Z 43-120-14**

www.ingramcontent.com/pod-product-compliance
Lightning Source LLC
Chambersburg PA
CBHW060919050426
42453CB00010B/1820